무량공덕6　　　　　　　무비스님 편저

천수·관음경

영웅문답 · 수정

무치생남 편저

독송(讀誦) 공덕문(功德文)

　부처님은 범인(凡人)이 흉내 낼 수 없는 피나는 정진(精進)을 통해 큰 깨달음을 이루신 인류의 큰 스승이십니다. 그 깨달음으로 삶과 존재의 실상(實相)을 바르게 꿰뚫어 보시고 의미 있고 보람된 삶에 대하여 가르치셨습니다.

　부처님의 가르침을 전하는 사람을 법사(法師)라고 하는데, 법화경(法華經) 법사품(法師品)에는 다섯 가지 법사에 대하여 설파하고 있습니다. 그 첫째는 경전을 지니고 다니는 사람, 둘째는 경전을 읽는 사람, 셋째는 경전을 외우는 사람, 넷째는 경전을 해설하는 사람, 다섯째는 경전을 사경하는 사람입니다. 이 중 한 가지만 하더라도 훌륭한 법사이며, "법사의 길을 행하는 사람은 부처님의 장엄(莊嚴)으로 장엄한 사람이며, 부처

 권하는 글

님께서 두 어깨로 업어주는 사람이다." 라고 말씀하고 있으니 세상을 살아가면서 이보다 더 큰 보람과 영광이 어디에 있겠습니까?

  이번에 제작된 <무량공덕 독송본>은 항상 지니고 다니면서 읽고 베껴 쓸 수 있는 경전입니다. 부디 많은 분들이 이 인연 공덕에 함께 하시어 큰깨달음 이루시고 행복하시기를 기원합니다.

독송공덕수승행 무변승복개회향
讀誦功德殊勝行 無邊勝福皆廻向(독송한 그 공덕 수승하여라, 가없는 그 공덕 모두 회향하여)

보원침익제유정 속왕무량광불찰
普願沈溺諸有情 速往無量光佛刹(이 세상 모든 사람 모든 생명, 한량없는 복된 삶 누려지이다.)

     불기2549(2005)년 여름안거
     금정산 범어사 如天 無比 합장

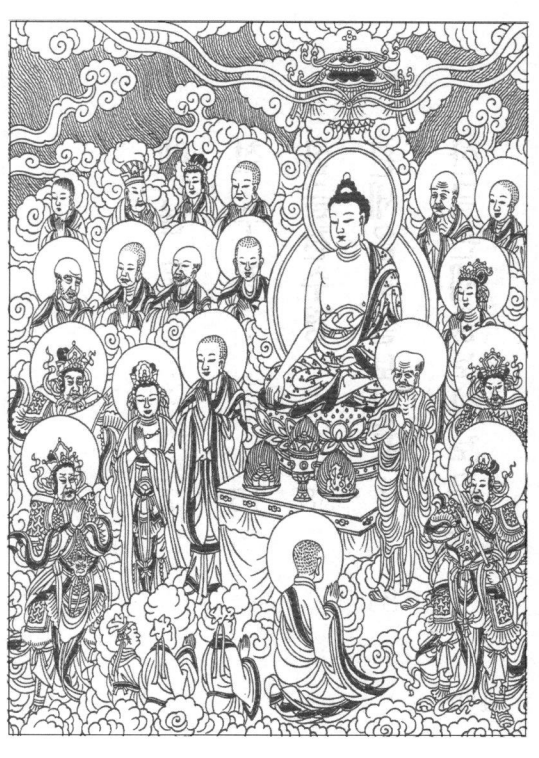

차례

예불문·········· 7

천 수 경·········· 15

한글천수경·········· 58

관세음보살보문품·········· 81

한글관세음보살보문품·········· 108

예불문

禮佛文

상단예불

[다게(茶偈)] (아침)

아금청정수 변위감로다
我今淸淨水 變爲甘露茶

봉헌삼보전 원수애납수
奉獻三寶前 願垂哀納受

원수자비애납수
願垂慈悲哀納受

[오분향례(五分香禮)] (저녁)

계향 정향 혜향 해탈향 해탈지견향
戒香　定香　慧香　解脫香　解脫知見香

광명운대 주변법계 공양시방 무량불
光明雲臺　周遍法界　供養十方　無量佛

법승
法僧

헌향진언
獻香眞言

옴 바아라 도비야 훔 (세번)

● 다기를 올릴 때는 아금청정수부터 하고 안 올릴 때는
지심귀명례부터 함.

지심귀명례 삼계도사 사생자부 시아본사
至心歸命禮　三界導師　四生慈父　是我本師

지심귀명례 석가모니불
至心歸命禮　釋迦牟尼佛

지심귀명례 시방삼세 제망찰해 상주일체
至心歸命禮　十方三世　帝網刹海　常住一切

불타야중
佛陀耶衆

지심귀명례 시방삼세 제망찰해 상주일체
至心歸命禮　十方三世　帝網刹海　常住一切

지심귀명례 달마야중
至心歸命禮 達磨耶衆

지심귀명례 대지문수 사리보살 대행보현
至心歸命禮 大智文殊 舍利菩薩 大行普賢
보살 대비관세음보살 대원본
菩薩 大悲觀世音菩薩 大願本
존 지장보살 제존보살 마하살
尊 地藏菩薩 諸尊菩薩 摩訶薩

지심귀명례 영산당시 수불부촉 십대제자
至心歸命禮 靈山當時 受佛咐囑 十大弟子
십육성 오백성 독수성 내지천
十六聖 五百聖 獨修聖 乃至千

지심귀명례 이백제대아라한 무량자비성중
二百諸大阿羅漢 無量慈悲聖衆

지심귀명례 서건동진 급아해동 역대전등 제대조사 천하종사 일체미진 수 제대선지식
西乾東震 及我海東 歷代傳燈
諸大祖師 天下宗師 一切微塵
數 諸大善知識

지심귀명례 시방삼세 제망찰해 상주일체 승가야중
十方三世 帝網刹海 常住一切
僧伽耶衆

유원 무진삼보 대자대비 수아정례 명훈가
唯願 無盡三寶 大慈大悲 受我頂禮 冥熏加
피력 원공법계 제중생 자타일시 성불도
被力 願共法界 諸衆生 自他一時 成佛道

삼귀의 三歸依

귀의불 歸依佛 **양족존** 兩足尊
거룩한 부처님께 귀의합니다.

귀의법 歸依法 **이욕존** 離欲尊
거룩한 가르침에 귀의합니다.

귀의승 歸依僧 **중중존** 衆中尊
거룩한 스님들께 귀의합니다.

천수경
千手經

◇ 정구업진언 (입으로 지은 죄업을 깨끗이 하는 진언)
淨口業眞言

수리수리 마하수리 수수리 사바하 (세번)

◇ 오방내외안위제신진언 (모든 신을 편안케 하는 진언)
五方內外安慰諸神眞言

나무 사만다 못다남

옴 도로도로 지미 사바하 (세번)

◇ 개경게 (경을 펼치는 게송)
　開經偈

무상심심미묘법
無上甚深微妙法

부처님의 법은 가장 높고
가장 깊고 가장 미묘해서

백천만겁난조우
百千萬劫難遭遇

수억만년의 오랜 세월 동안에도
만나뵙기 어렵지만

아금문견득수지
我今聞見得受持

저는 이제 불법을 듣고
경전을 보고 간직하오니

원해여래진실의
願解如來眞實意

원컨대 부처님의 진실한 뜻을
잘 알게 해 주십시오

◇ **개법장진언** (진리의 법장을 여는 게송)
開法藏眞言

옴 아라남 아라다 (세번)

천수천안 관자재보살 광대원만 무애대비심
千手千眼 觀自在菩薩 廣大圓滿 無碍大悲心

대다라니 계청 (읽어서 청하는 게송)
大陀羅尼 啓請

계수관음대비주
稽首觀音大悲呪

자비의 어머니 관세음보살 대비주께
머리 숙여 귀의합니다

원력홍심상호신
願力弘深相好身

자비의 원력은 넓고 깊으며
그 모습은 너무나 원만하여

천비장엄보호지
千臂莊嚴普護持

천개의 장엄하신 손으로
널리 보호하고 감싸주시며

천안광명변관조
千眼光明遍觀照

천개의 눈으로 빛을 내어
두루 관찰하여 비추십니다

진실어중선밀어
眞實語中宣密語

진실한 말 가운데 비밀스럽고
불가사의한 말씀을 베풀어

무위심내기비심
無爲心內起悲心

아무 조건 없는 가운데
자비심을 일으킵니다

속령만족제희구
速令滿足諸希求

중생들의 온갖 소원 하루 속히
이뤄져서 만족하게 하시고

영사멸제제죄업
永使滅除諸罪業

모든 죄업 영원히
소멸시켜 없애 주십니다

천룡중성동자호
天龍衆聖同慈護

천룡 모든 성인들
다 자비로 보호하시어

백천삼매돈훈수
百千三昧頓熏修

백천 가지 온갖 삼매를
한꺼번에 익히고 닦아서

수지신시광명당
受持身是光明幢

받아지닌 저의 몸은
큰 광명의 깃발이며

수지심시신통장
受持心是神通藏

받아지닌 저의 마음은
신통의 창고 같으니

세척진로원제해
洗滌塵勞願濟海

온갖 번뇌 씻어내고
원하는 바 성취하여

초증보리방편문
超證菩提方便門

깨달음의 방편문
한꺼번에 성취하게 되어

아금칭송서귀의
我今稱誦誓歸依

제가 이제 관음대비주를
칭송 귀의하오니

소원종심실원만
所願從心悉圓滿

원하는 바가 자신의 뜻대로
이뤄지이다

나무대비관세음
南無大悲觀世音

자비하신 관세음께 귀의하오니

원아속지일체법
願我速知一切法

원컨대 제가 일체 모든 법을
빨리 알게 해 주십시오

나무대비관세음

南無大悲觀世音

자비하신 관세음께 귀의하오니

원아조득지혜안

願我早得智慧眼

원컨대 제가 지혜의 눈을
빨리 뜨게 해 주십시오

나무대비관세음

南無大悲觀世音

자비하신 관세음께 귀의하오니

원아속도일체중

願我速度一切衆

원컨대 제가 모든 중생들을
빨리 제도케 해 주십시오

나무대비관세음

南無大悲觀世音

자비하신 관세음께 귀의하오니

원아조득선방편

願我早得善方便

원컨대 제가 좋은 방편을
빨리 얻게 해 주십시오

나무대비관세음
南無大悲觀世音
자비하신 관세음께 귀의하오니

원아속승반야선
願我速乘般若船
원컨대 제가 반야의 배를
빨리 타게 해 주십시오

나무대비관세음
南無大悲觀世音
자비하신 관세음께 귀의하오니

원아조득월고해
願我早得越苦海
원컨대 제가 괴로움의 바다를
빨리 건너게 해 주십시오

나무대비관세음
南無大悲觀世音
자비하신 관세음께 귀의하오니

원아속득계정도
願我速得戒定道
원컨대 제가 계·정의 길을
빨리 가게 해 주십시오

나무대비관세음 南無大悲觀世音
원아조등원적산 願我早登圓寂山
나무대비관세음 南無大悲觀世音
원아속회무위사 願我速會無爲舍
나무대비관세음 南無大悲觀世音
원아조동법성신 願我早同法性身

자비하신 관세음께 귀의하오니

원컨대 제가 열반산에
빨리 오르게 해 주십시오

자비하신 관세음께 귀의하오니

원컨대 제가 무위집에
빨리 모이게 해 주십시오

자비하신 관세음께 귀의하오니

원컨대 제가 법성의 몸과 같게
빨리 해 주십시오

아약향도산
我若向刀山
도산자최절
刀山自摧折
아약향화탕
我若向火湯
화탕자고갈
火湯自枯渇
아약향지옥
我若向地獄
지옥자소멸
地獄自消滅

제가 만약 칼산에 가면

칼산이 저절로 무너져 버리고

제가 만약 화탕지옥에 가면

화탕지옥이 저절로 말라 없어지고

제가 만약 지옥에 가면

지옥이 저절로 없어지며

아약향아귀
我若向餓鬼
아귀자포만
餓鬼自飽滿

제가 만약 아귀가 있는 곳에 가면
굶주린 아귀가 저절로 배가 불러지며

아약향수라
我若向修羅
악심자조복
惡心自調伏

제가 만약 아수라에 가면
악한 마음이 저절로 항복받아 없어지고

아약향축생
我若向畜生
자득대지혜
自得大智慧

제가 만약 축생의 세계로 가면
축생이 스스로 큰 지혜를 얻게 됩니다

나무관세음보살마하살
南無觀世音菩薩摩訶薩

나무대세지보살마하살
南無大勢至菩薩摩訶薩

나무천수보살마하살
南無千手菩薩摩訶薩

나무여의륜보살마하살
南無如意輪菩薩摩訶薩

나무대륜보살마하살
南無大輪菩薩摩訶薩

나무관자재보살마하살
南無觀自在菩薩摩訶薩

관세음보살 마하살님께
귀의합니다

대세지보살 마하살님께
귀의합니다

천수보살 마하살님께
귀의합니다

여의륜보살 마하살님께
귀의합니다

대륜보살 마하살님께
귀의합니다

관자재보살 마하살님께
귀의합니다

나무정취보살마하살
南無正趣菩薩摩訶薩

나무만월보살마하살
南無滿月菩薩摩訶薩

나무수월보살마하살
南無水月菩薩摩訶薩

나무군다리보살마하살
南無軍茶利菩薩摩訶薩

나무십일면보살마하살
南無十一面菩薩摩訶薩

나무제대보살마하살
南無諸大菩薩摩訶薩

정취보살 마하살님께
귀의합니다

만월보살 마하살님께
귀의합니다

수월보살 마하살님께
귀의합니다

군다리보살 마하살님께
귀의합니다

십일면보살 마하살님께
귀의합니다

모든 대보살 마하살님께
귀의합니다

나무본사아미타불
南無本師阿彌陀佛

나무본사아미타불
南無本師阿彌陀佛

나무본사아미타불
南無本師阿彌陀佛

본사아미타부처님께
귀의합니다

본사아미타부처님께
귀의합니다

본사아미타부처님께
귀의합니다

◇ **신묘장구대다라니** 神妙章句大陀羅尼 (신묘하고 불가사의한 큰 다라니)

나모라 다나다라 야야 나막알약 바로

기제 새바라야 모지사다바야 마하 사

다바야 마하가로 니가야 옴 살바 바

예수 다라나 가라야 다사명 나막까리

다바 이맘알야 바로기제 새바라 다바

니라간타 나막하리나야 마발다 이사미
살발타 사다남 수반 아예염 살바 보
다남 바바말아 미수다감 다냐타 옴
아로게 아로가 마지로가 지가란제 혜
혜하례 마하모지 사다바 사마라 사마
라 하리나야 구로구로 갈마 사다야

사다야 도로도로 미연제 마하 미연제 다라다라 다린 나례 새바라 자라자라 마라미마라 아마라 몰제 예혜혜 로계 새바라 라아미사미 나사야 나베 사미 사미 나사야 모하자라 미사미 나사야 호로호로 마라호로 하례 바나마나바

사라사라 시리시리 소로소로 못쟈못쟈
모다야 모다야 매다리야 니라간타 가
마사 날사남 바라하라나야 마낙 사바
하 싯다야 사바하 마하싯다야 사바
싯다유예 새바라야 사바하 니라간타야
사바하 바라하 목카싱하 목카야 사바하

바나마 하따야 사바하 자가라 욕다야

사바하 상카섭나녜 모다나야 사바하

마하라 구타다라야 사바하 바마사간타

이사시체다 가릿나 이나야 사바하 먀

가라잘마 이바사나야 사바하

나모라 다나다라 야야 나막알야 바로

기제 새바라야 사바하

나모라 다나다라 야야 나막알야 바로

기제 새바라야 사바하

나모라 다나다라 야야

기제 새바라야 사바하

◇ 사방찬 (동서남북의 사방을 찬탄함)

일쇄동방결도량
一灑東方潔道場

이쇄남방득청량
二灑南方得淸凉

삼쇄서방구정토
三灑西方俱淨土

사쇄북방영안강
四灑北方永安康

첫째 동쪽에 물 뿌리면
도량이 맑아지고

둘째 남쪽에 물 뿌리면
시원함을 얻으며

셋째 서쪽에 물 뿌리면
극락정토 이뤄지고

넷째 북쪽에 물 뿌리면
영원한 편안함을 얻는다

도량찬 (道場 讚) (도량이 깨끗함을 찬탄함)

◇ 道場 讚

도량청정무하예
道場淸淨無瑕穢

삼보천룡강차지
三寶天龍降此地

아금지송묘진언
我今持誦妙眞言

원사자비밀가호
願賜慈悲密加護

도량이 깨끗하여
티끌과 더러움 없으니

불·법·승 삼보와 천룡팔부가
땅에 내려

제가 이제 묘한 진언을
지니고 외우니

원컨대 자비를 내려서 은밀하고
비밀스럽게 지켜 주십시오

◇ **참회게** (죄를 참회하는 게송)
懺悔偈

아석소조제악업
我昔所造諸惡業

제가 먼 옛날부터 지은
모든 악업은

개유무시탐진치
皆由無始貪瞋痴

오랜 옛적부터 익혀온
탐·진·치 때문이며

종신구의지소생
從身口意之所生

몸·입·생각의 삼업으로 해서
생기었으니

일체아금개참회
一切我今皆懺悔

모든 것을 이제 진심으로
참회합니다

참제업장십이존불 (업장 참회를 증명하는 열두 부처님)

◇ 懺除業障十二尊佛

나무참제업장보승장불
南無懺除業障寶勝藏佛

보광왕화염조불
寶光王火炎照佛

일체향화자재력왕불
一切香火自在力王佛

백억항하사결정불
百億恒河沙決定佛

진위덕불
振威德佛

하여 부르는 부처님 명호
남에게 진 신세와 허물을 참회

부처님 명호
사치와 낭비를 참회하여 부르는

참회하여 부르는 부처님 명호
한평생 동안 저지른 죄업을

부처님 명호
살생한 죄업을 참회하여 부르는

부르는 부처님 명호
사음과 악담한 죄업을 참회하여

금강견강소복괴산불
金剛堅强消伏壞散佛

지옥에 떨어질 죄업을 소멸코자
참회하여 부르는 부처님 명호

보광월전묘음존왕불
寶光月殿妙音尊王佛

부처님 설법을 듣는 공덕을
찬탄하여 부르는 부처님 명호

환희장마니보적불
歡喜藏摩尼寶積佛

일생 동안 성낸 죄업을 참회하여
부르는 부처님 명호

무진향승왕불
無盡香勝王佛

무량한 세월 동안 생사 고통을 소멸
코자 발원하여 부르는 부처님 명호

사자월불
獅子月佛

축생으로 태어날 죄업을 소멸코자
발원하여 부르는 부처님 명호

환희장엄주왕불
歡喜莊嚴珠王佛

살생·도둑질 등의 죄업을 소멸코자
발원하여 부르는 부처님 명호

제보당마니승광불
帝寶幢摩尼勝光佛

탐욕을 저지른 온갖 죄업을 소멸코자 발원하여 부르는 부처님 명호

◇ **십악참회** (열 가지 악업을 참회하는 게송)
十惡懺悔

살생중죄금일참회
殺生重罪今日懺悔
살생으로 지은 죄 오늘 저는 참회합니다

투도중죄금일참회
偸盜重罪今日懺悔
도둑질로 지은 죄 오늘 저는 참회합니다

사음중죄금일참회
邪淫重罪今日懺悔

망어중죄금일참회
妄語重罪今日懺悔

기어중죄금일참회
綺語重罪今日懺悔

양설중죄금일참회
兩舌重罪今日懺悔

악구중죄금일참회
惡口重罪今日懺悔

탐애중죄금일참회
貪愛重罪今日懺悔

부정으로 지은 죄 오늘 저는 참회합니다

거짓말로 지은 죄 오늘 저는 참회합니다

아첨으로 지은 죄 오늘 저는 참회합니다

이간질로 지은 죄 오늘 저는 참회합니다

악담으로 지은 죄 오늘 저는 참회합니다

탐욕으로 지은 죄 오늘 저는 참회합니다

진에중죄금일참회
瞋恚重罪今日懺悔

치암중죄금일참회
痴暗重罪今日懺悔

백겁적집죄 일념돈탕제
百劫積集罪 一念頓蕩除

여화분고초 멸진무유여
如火焚枯草 滅盡無有餘

죄무자성종심기
罪無自性從心起

심약멸시죄역망
心若滅時罪亦亡

성냄으로써 지은죄 오늘 저는
참회합니다

어리석음으로 지은죄 오늘 저는
참회합니다

백겁 동안 쌓인 나의 모든 죄업
한 순간에 모두 제거해 주십시오
자취 남김없이 소멸해 주십시오

마른 풀이 일시에 불타듯이 죄의

죄는 본래 실체가 없는데
마음 쫓아 일어난 것이므로

마음이 소멸되면
죄 또한 없어집니다

죄망심멸양구공 시즉명위진참회

罪亡心滅兩俱空
是則名爲眞懺悔

죄와 마음이 없어져서
그 두 가지가 함께 비게 되면
이것이야말로 진짜
참된 참회라 하겠습니다

◇ **참회진언** (죄업을 참회하는 참된 말)
懺悔眞言

옴 살바 못자 모지 사다야 사바하 (세번)

준제공덕취
准提功德聚

적정심상송
寂靜心常誦

일체제대난
一切諸大難

준제진언은 공덕의
큰 덩어리인데

이것을 항상 고요한 마음으로
외워야 합니다

일체의 모든 재난들이

무능침시인
無能侵是人

천상급인간
天上及人間

수복여불등
受福如佛等

우차여의주
遇此如意珠

정획무등등
定獲無等等

준제진언 외우는 사람에겐
능히 침범하지 못합니다

천상사람이나 보통사람들이 모두

부처님처럼 똑같이
복을 받습니다

이 여의주를 만난 이는

반드시 큰 깨달음을
얻을 것입니다

나무 칠구지불모 대준제보살 (세번)

南無 七俱胝佛母 大准提菩薩

◇ 정법계진언 (법계를 깨끗이 하는 참된 말)

淨法界眞言

옴 남 (세번)

◇ 호신진언 (몸을 보호하는 진언)

護身眞言

옴 치림 (세번)

◇ 관세음보살 본심미묘 육자대명왕진언

觀世音菩薩 本心微妙 六字大明王眞言

(관세음보살님의 자비심을 지닌 육자대명왕 진언)

옴 마니 반메 훔 (세번)

◇ 준제진언 (준제보살의 진언)
准提眞言

나무 사다남 삼약 삼못다 구치남 다냐타
옴 자례 주례 준제 사바하 부림 (세번)

아금지송대준제
我今持誦大准提
제가 이제 대준제진언을
외워 지니노니

즉발보리광대원 곧 보리심을 발하고
即發菩提廣大願 넓고 큰 원 발해지이다

원아정혜속원명 원컨대 제가 삼매를 통하여
願我定慧速圓明 정과 지혜가 원만히 밝아지고

원아공덕개성취 크고 작은 공덕이
願我功德皆成就 다 성취되어지다

원아승복변장엄 원컨대 제가 훌륭한 복으로
願我勝福遍莊嚴 모든 것이 성취되고

원공중생성불도 모든 중생이 다 함께
願共衆生成佛道 불도 이루어지이다

◇ **여래십대발원문** (부처님께 올리는 열 가지 발원문)

如來十大發願文

원아영리삼악도
願我永離三惡道
저는 지옥·아귀·축생의 삼악도를
영원히 떠나 사람다운 삶을 원합니다

원아속단탐진치
願我速斷貪瞋痴
저는 탐·진·치 삼독을
빨리 끊기를 원합니다

원아상문불법승
願我常聞佛法僧
저는 불·법·승 삼보에 대해
듣기를 원합니다

원아근수계정혜
願我勤修戒定慧
저는 계·정·혜 삼학을
부지런히 닦기를 원합니다

원아항수제불학
願我恒隨諸佛學
원아불퇴보리심
願我不退菩提心
원아결정생안양
願我決定生安養
원아속견아미타
願我速見阿彌陀
원아분신변진찰
願我分身遍塵剎
원아광도제중생
願我廣度諸衆生

저는 항상 부처님의 법을
따라서 배우기를 원합니다

저는 깨달음의 마음에서
물러서지 않기를 원합니다

저는 반드시 안양국에
태어나기를 원합니다

저는 이제 빨리 아미타불께
친견하기를 원합니다

저는 이제 몸이 먼지처럼
많은 곳에 두루 나투기를 원합니다

저는 모든 중생들을
널리 제도하기를 원합니다

◇ **발사홍서원** (네 가지 큰 서원을 세움)

發四弘誓願

중생무변서원도
衆生無邊誓願度
끝없는 모든 중생을
맹세코 다 제도하기를 원합니다

번뇌무진서원단
煩惱無盡誓願斷
끝없는 번뇌
맹세코 다 끊기를 원합니다

법문무량서원학
法門無量誓願學
끝없는 법문을
맹세코 모두 배우기를 원합니다

불도무상서원성
佛道無上誓願成
끝없는 부처님의 깨달음을
맹세코 이루기를 원합니다

자성중생서원도 自性衆生誓願度 자성 속의 중생을 맹세코 건지리다

자성번뇌서원단 自性煩惱誓願斷 자성 속의 번뇌를 맹세코 끊으리라

자성법문서원학 自性法門誓願學 자성 속의 법문을 맹세코 배우리라

자성불도서원성 自性佛道誓願成 자성 속의 깨달음을 맹세코 이루리다

◇ **발원이 귀명례삼보** (발원을 마치고 삼보님께 귀의함)

發願已 歸命禮三寶

나무상주시방불
南無常住十方佛
시방에 항상 계신 부처님께
귀의하며 받드옵니다

나무상주시방법
南無常住十方法
시방에 항상 있는 법에
귀의하며 받드옵니다

남무상주시방승
南無常住十方僧
시방에 항상 계신 스님들께
귀의하며 받드옵니다

● 일반적으로 천수경 독송은 여기서 끝나지만 불공이나 염불당에서 염불할 때 다음 네 가지로 진언을 하고 염불수행시에는 장엄염불로 이어진다.

◇ **정삼업진언** (삼업을 깨끗이 하는 진언)
淨三業眞言

옴 사바바바 수다살바 달마 사바바바 수도함 (세번)

● 삼업이란 몸으로 지은 업(살생 투도 사음)과 입으로 지은 업(망어 기어 양설 악구)과 뜻으로 지은 업(탐·진·치)를 말한다.

◇ **개단진언** (법단을 여는 진언)
開壇眞言

옴 바아라 뇌로 다가다야 삼마야 바라베 사야 훔 (세번)

건단진언 (법단을 세우는 진언)

◇ 建壇眞言

옴 난다난다 나지나지 난다바리 사바하 (세번)

◇ 淨法界眞言

정법계진언 (법의 세계를 깨끗이 하는 진언)

나자색선백
羅字色鮮白   곱고 고운 빛으로 진언 편 것이

공점이엄지
空點以嚴之   공점으로 갖추어진 장엄같을세

여피계명주
如彼髻明珠   맑고도 곱게 생긴 밝은 구슬이

치지어정상
置之於頂上

진언동법계
眞言同法界

무량중죄제
無量衆罪除

일체촉예처
一切觸穢處

당가차자문
當加此字門

정상의 높은 데서 광명내시네

진언과 법계가 둘이 아닐세

한없이 지은 모든 죄업 소멸하오며

갖가지 나쁜 곳에 부딪칠 때에도

마땅히 이 진언을 지송합니다

나무 사만다 못다남 남 (세번)

한글 천수경 [千手經]

무비스님

◇입으로 지은 죄업을 깨끗이 하는 진언 [淨口業眞言]
 "수리수리 마하수리 수수리 사바하" (세 번)
 -훌륭하고, 훌륭하신 분이시여, 크게 훌륭하시고, 지극히 훌륭하시고, 참으로 훌륭하십니다.-

◇모든 신을 편안케 하는 진언 [五方內外安慰諸神眞言]
 "나무 사만다 못다남 옴 도로도로 지미 사바하" (세 번)
 -널리 온 우주에 가득히 계시는 부처님들

께 귀의하여 받듭니다. 모든 신들이 신성하고 자연스럽게 안위되도록 바라고 성취되게 하십시오.-

◇경을 펼치는 게송[開經偈]
부처님의 법은 가장 높고, 가장 깊고, 가장 미묘해서, 수억만년의 오랜 세월 동안에도 만나뵙기 어렵지만, 저는 이제 불법을 듣고, 경전을 보고, 간직하오니, 원컨대 부처님의 진실한 뜻을 잘 알게 해 주십시오.

◇진리의 법장을 여는 진언[開法藏眞言]
"옴 아라남 아라다" (세 번)
-번뇌가 없는 편안한 마음으로 깊은 경지에 도달하게 하십시오.-

   천수 천안 관세음보살님의 광대하고 원

만하신 대자비심의 위대한 다라니를 청합니다.

자비의 어머니 관세음보살 대비주께 머리 숙여 귀의합니다.

님의 원력은 넓고 깊으며, 그 모습은 너무나 원만하여, 천 개의 팔로써 장엄해서 우리를 널리 보호하고 감싸주시며, 천 개의 눈으로 빛을 내어 널리 두루 관찰하여 비추십니다.

진실한 말 가운데 비밀스럽고 불가사의한 말씀을 베풀어, 아무 조건 없는 가운데 자비심을 일으킵니다.

중생들의 온갖 소원 하루 속히 이뤄져서 만족하게 하시고, 모든 죄업 영원히 소멸시켜 없애 주십니다.

천룡, 모든 성인들 다 자비로 보호하시어,

백천 가지 온갖 삼매를 한꺼번에 닦아서,
받아지닌 저의 몸은 큰 광명의 깃발이며,
받아지닌 저의 마음은 신통의 창고같으니,
온갖 번뇌 씻어내고 원하는 바 성취하여,
깨달음의 방편문 한꺼번에 성취하게 되어,
제가 이제 관음대비주를 칭송 귀의하오니,
원하는 바가 자신의 뜻대로 이뤄지이다.

자비하신 관세음께 귀의하오니, 원컨대 제가 일체 모든 법을 빨리 알게 해주십시오.
 자비하신 관세음께 귀의하오니, 원컨대 제가 지혜의 눈을 빨리 뜨게 해주십시오.
 자비하신 관세음께 귀의하오니, 원컨대 제가 모든 중생들 빨리 제도케 해주십시오.
 자비하신 관세음께 귀의하오니, 원컨대 제가 좋은 방편을 빨리 얻게 해주십시오.
 자비하신 관세음께 귀의하오니, 원컨대

제가 반야의 배를 빨리 타게 해주십시오.

 자비하신 관세음께 귀의하오니, 원컨대 제가 괴로움바다 빨리 건너게 해주십시오.

 자비하신 관세음께 귀의하오니, 원컨대 제가 계·정의 길을 빨리 가게 해주십시오.

 자비하신 관세음께 귀의하오니, 원컨대 제가 열반산에 빨리 오르게 해주십시오.

 자비하신 관세음께 귀의하오니, 원컨대 제가 무위집에 빨리 모이게 해주십시오.

 자비하신 관세음께 귀의하오니, 원컨대 제가 법성의 몸과 같게 빨리 해주십시오.

제가 만약 칼산에 가면, 칼산이 저절로 무너져 버리고, 제가 만약 화탕지옥에 가면, 화탕지옥이 저절로 말라서 없어지고, 제가 만약 지옥에 가면, 지옥이 저절로 없어지며, 제가 만약 아귀가 있는 곳에 가면,

굶주린 아귀가 저절로 배가 불러지며, 제가 만약 아수라에 가면, 악한 마음이 저절로 항복받아 없어지고, 제가 만약 축생의 세계로 가면, 축생이 스스로 큰 지혜를 얻게 됩니다.

나무관세음보살 마하살님께 귀의합니다.
나무대세지보살 마하살님께 귀의합니다.
나무천수보살 마하살님께 귀의합니다.
나무여의륜보살 마하살님께 귀의합니다.
나무대륜보살 마하살님께 귀의합니다.
나무관자재보살 마하살님께 귀의합니다.
나무정취보살 마하살님께 귀의합니다.
나무만월보살 마하살님께 귀의합니다.
나무수월보살 마하살님께 귀의합니다.
나무군다리보살 마하살님께 귀의합니다.
나무십일면보살 마하살님께 귀의합니다.

나무 모든 대보살 마하살님께 귀의합니다.
"나무본사아미타부처님께 귀의합니다."
(세 번)

◇신묘하고 불가사의한 큰 다라니[神妙章句大陀羅尼]
⑴나모라 다나다라 야야, ⑵나막알약 바로기제 새바라야 모지 사다바야 마하 사다바야 마하가로 니가야, ⑶옴 살바 바예수 다라나 가라야 다사명 나막까리 다바 이맘 알야 바로기제 새바라 다바, ⑷니라간타 나막하리나야 마발다 이사미 살발타 사다남 수반 아예염 살바 보다남, ⑸바바말아 미수다감 다냐타 옴 아로게 아로가 마지로가 지가란제 혜혜하례, ⑹마하모지 사다바 사마라 사마라 하리나야 구로구로 갈마 사다야 사다야 도로도로 미연제,⑺마하 미연제 다라 다라 다린 나례 새바라 자

라자라 마라 미마라 아마라 몰제 예혜혜, (8)로계새바라 라아미사미 나사야 나베 사미사미 나사야 모하자라 미사미 나사야 호로호로, (9)마라호로 하례 바나마나바 사라사라 시리시리 소로소로 못쟈못쟈 모다야 모다야, (10)매다리야 니라간타 가마사 날사남 바라하라나야 마낙 사바하, (11)싯다야 사바하, (12)마하싯다야 사바하, (13)싯다유예 새바 라야 사바하, (14)니라간타야 사바하, (15)바라하 목카싱하목카야 사바하, (16)바나마 하다야 사바하, (17)자가라 욕다야 사바하, (18)샹카섭나녜 모다나야 사바하, (19)마하라 구타다라야 사바하, (20)바마사간타 이사 시체다 가릿나 이나야 사바하, (21)먀가라 잘마 이바 사나야 사바하

"나모라 다나다라 야야 나막알야 바로기제 새바라야 사바하" (세 번)

⑴삼보께 귀의합니다. ⑵성관자재께 귀의합니다. ⑶일체의 두려움을 구제해주시는 분께 귀의합니다. ⑷저, 청경이란 명성 높은 마을의 주(呪)에 회귀합니다. 일체의 목적, 일체의 이익을 성취하시고 길상으로서 일체의 모든 정명, 귀신들이 이길 수 없는 분이시여! 어진 관세음보살께 귀의합니다. ⑸모든 삶의 길에서 우리를 청정케 하옵시는 분이시여! 옴, 광명존분이시여! 광명의 지혜존이시여! 세간을 초월하신 분이시여! 오오, 관세음이시여! 우리를 피안으로 실어 나르옵소서. ⑹위대한 보살이시여! 우리가 외우는 진언을 기억하옵소서, 성취하옵소서, 성취케 하옵소서, 우리를 보호하고 굳게 지켜 주옵소서, 우리를 보호하고 굳게 지켜 주옵소서. ⑺위대하신 승리자시여! 보호해 주옵소서, 보호해 가지는 주인이시여!

자재존이시여! 발동하옵소서, 우리들의 불행을 초탈한 분이시여, 진구가 청정 원만한 분이시여! 우리에게로 오십시오. (8)세간의 주인이신 자재존이시여! 탐심의 독을 소멸케 하옵소서, 어서 빨리 가져가십시오. 취(取)해 가십시오. (9)진구(때)를 취거하옵소서, 연꽃의 마음을 간직한 이여! 감로법수(甘露法水)를 유출하옵소서, 감로의 지혜 광명을 유출하옵소서, 깨치옵소서, 깨닫게 하옵소서, (10)자비심이 깊으신 청경 관음존이시여! 보는 것을 바라는 자에게 환희·공경심을 내게 하는 분이시여! 성취하게 하소서. (11)성취하신 분이시여! (12)위대하신 분이시여! (13)요가를 성취하신 자재존이시여! (14)청경 관음존이시여! (15)사자 얼굴의 관세음보살이시여! (16)연꽃의 관음존이시여! (17)큰바위를 들고 전투하는 관음존이시여! (18)법소라 나팔 소리로써 깨닫게 하시는 관세음보살이시여! (19)큰 곤봉을 가진 관음존이시여! (20)왼쪽 어깨의 모서리를 지키는 흑색의 승리자이신 관음존이시여! (21)호랑이 가죽옷을 입은 관음존이시여!

-삼보께 귀의하며 받드옵니다. 성스런 관자재보살께 귀의합니다.-

◇동서남북의 사방을 찬탄함[四方讚]
첫째, 동쪽에 물 뿌리면 도량이 맑아지고,
둘째, 남쪽에 물 뿌리면 시원함을 얻으며,
셋째, 서쪽에 물 뿌리면 극락정토구족하고,
넷째, 북쪽에 물을 뿌리면 영원한 편안함을 얻는다.

◇도량이 깨끗함을 찬탄함[道場讚]
 도량이 깨끗하여 티끌과 더러움 없으니,
불·법·승 삼보와 천룡팔부가 땅에 내려,
제가 이제 묘한 진언을 지니고 외우니,
원컨대 자비를 내려서 은밀하고 비밀스럽게 지켜 주십시오.

◇죄를 참회하는 게송[懺悔偈]
제가 먼 옛날부터 지은 모든 악업은,
오랜 옛적부터 익혀온 탐·진·치 때문이며,
몸·입·생각의 삼업으로 해서 생기었으니,
모든 것을 이제 진심으로 참회합니다.

◇업장 참회를 증명하는 열두 부처님[懺除業障十二尊佛]
참제업장 보승장불께 참회합니다.
보광왕화염조불께 참회합니다.
일체향화자재력왕불께 참회합니다.

백억항하사결정불께 참회합니다.
진위덕불께 참회합니다.
금강견강소복괴산불께 참회합니다.
보광월전묘음존왕불께 참회합니다.
환희장마니보적불께 참회합니다.
무진향승왕불께 참회합니다.
사자월불께 참회합니다.
환희장엄주왕불께 참회합니다.
제보당마니승광불께 참회합니다.

◇열 가지 악업을 참회[十惡懺悔]
살생으로 지은 죄 오늘 저는 참회합니다.
도둑질로 지은 죄 오늘 저는 참회합니다.
부정으로 지은 죄 오늘 저는 참회합니다.
거짓말로 지은 죄 오늘 저는 참회합니다.
아첨으로 지은 죄 오늘 저는 참회합니다.
이간질로 지은 죄 오늘 저는 참회합니다.

악담으로 지은 죄 오늘 저는 참회합니다.
탐욕으로 지은 죄 오늘 저는 참회합니다.
성냄으로 지은 죄 오늘 저는 참회합니다.
어리석음으로 지은 큰죄 오늘 저는 참회합니다.

백겁 동안 쌓인 나의 모든 죄업을,
한 순간에 모두 제거해 주십시오.
마치 마른 풀더미가 일시에 불타버리듯이
죄의 자취 남김없이 소멸되게 해주십시오.

죄는 본래 실체가 없는데 마음 쫓아 일어난 것이므로 마음이 소멸되면 죄 또한 없어집니다.
죄와 마음이 없어져서 그 두 가지가 함께 비게 되면, 이것이야말로 진짜 참된 참회라 하겠습니다.

◇죄업을 참회하는 참된 말[懺悔眞言]
 "옴 살바못자 모지 사다야 사바하" (세 번)
 -일체의 불보살님께 귀의합니다.-

 준제진언은 공덕의 큰 덩어리인데 이것을
항상 고요한 마음으로 외워야 합니다.
일체의 모든 재난들이 준제진언을 외우는
사람에게는 능히 침범하지 못합니다.
천상 사람이나 보통 사람들이 모두 부처님
처럼 똑같이 복을 받습니다.
이 여의주를 만난 이는 반드시 큰 깨달음
을 얻을 것입니다.

 "나무 칠구지불모 대준제보살" (세 번)
 -칠억 부처님을 키워낸 부처님의 어머니인
위대한 준제보살님께 귀의합니다.-

◇법계를 깨끗이 하는 참된 말[淨法界眞言]
 "옴 남" (세 번)
-일체의 모든 망상을 태워버리고 깨달음의 문에 들게 해주십시오.-

◇몸을 보호하는 진언[護身眞言]
 "옴 치림" (세 번)
-행복, 영광, 번영, 안녕, 평화 등 좋은 일은 자신으로부터 나옵니다.-

◇관세음보살님의 자비심을 지닌 육자대명왕 진언[觀世音菩薩本心微妙六字大明王眞言]
 "옴 마니 반메 훔" (세 번)
-처음부터 끝까지 마음의 구슬로 연꽃을 피웁니다.-

◇준제보살의 진언[准提眞言]

"나무 사다남 삼먁 삼못다 구치남 다냐타 옴 자례 주례 준제 사바하 부림" (세 번)
-칠억 부처님께 귀의합니다. 일체 청정의 어른이시여, 성취하십시오.-

제가 이제 대준제진언을 외워 지니노니, 곧 보리심을 발하고, 넓고 큰 원이 발해지이다.

원컨대 제가 삼매를 통해서 정과 지혜가 원만히 밝아지고, 크고 작은 공덕이 다 성취되어지다.

원컨대 제가 훌륭한 복으로 모든 것이 성취되고, 모든 중생이 다 함께 불도를 이루어지이다.

◇부처님께 십대발원 세움[如來十大發願文]

저는 지옥·아귀·축생의 삼악도를 영원히 떠나 사람다운 삶을 원합니다.

저는 탐·진·치 삼독을 빨리 끊기를 원합니다.

저는 항상 불·법·승 삼보에 대해 듣기를 원합니다.

저는 계·정·혜 삼학을 부지런히 닦기를 원하옵니다.

저는 항상 모든 부처님의 법을 따라서 배우기를 원합니다.

저는 깨달음의 마음에서 물러서지 않기를 원합니다.

저는 반드시 안양국에 태어나기를 원합니다.

저는 이제 빨리 아미타불께 친견하기를 원합니다.

저는 이제 몸이 먼지처럼 많은 곳에 두루 나투기를 원합니다.
저는 모든 중생들을 널리 제도하기를 원하옵니다.

◇네 가지 큰 서원을 세움[發四弘誓願]
끝없는 모든 중생을 맹세코 다 제도하기를 원합니다.
끝없는 번뇌 맹세코 다 끊기를 원합니다.
끝없는 법문을 맹세코 모두 배우기를 원합니다.
끝없는 부처님의 깨달음을 맹세코 이루기를 원합니다.

자성 속의 중생을 맹세코 건지리다.
자성 속의 번뇌를 맹세코 끊으리다.
자성 속의 법문을 맹세코 배우리다.

자성 속의 깨달음을 맹세코 이루리다.

◇발원을 마치고 삼보님께 귀의함[發願已歸命禮三寶]
시방에 항상 계신 부처님께 귀의하며 받드옵니다.
시방에 항상 있는 법에 귀의하며 받드옵니다.
시방에 항상 계신 스님들께 귀의하며 받드옵니다.(세 번)

관세음보살보문품
觀世普菩薩普門品

이시에 **무진의보살**이 **즉종좌기**하사 **편단우견**
爾時 無盡意菩薩 卽從座起 偏袒右肩

하고 **합장향불**하사 **이작시언**하사대 **세존**이시여 **관세**
合掌向佛 而作是言 世尊 觀世

음보살은 **이하인연**으로 **명관세음**이니까 **불고무진**
音菩薩 以何因緣 名觀世音 佛告無盡

의보살하사대 **선남자**여 **약유무량백천만억중생**이
意菩薩 善男子 若有無量百千萬億衆生

수제고뇌하되 문시관세음보살하고 일심칭명하면
受諸苦惱 聞是觀世音菩薩 一心稱名

관세음보살이 즉시에 관기음성하여 개득해탈케
觀世音菩薩 卽時 觀其音聲 皆得解脫

하느니라 약유지시관세음보살명자하면 설입대화
若有持是觀世音菩薩名者 設入大火

라도 화불능소하나니 유시보살의 위신력고며 약
火不能燒 由是菩薩 威神力故 若

위대수소표라도 칭기명호하면 즉득천처하며 약
爲大水所漂 稱其名號 卽得淺處 若

유백천만억중생이 위구금은유리와 자거마노와
有百千萬億衆生 爲求金銀瑠璃 硨磲瑪瑙

산호호박진주등보하여 입어대해할새 가사흑풍이
珊瑚琥珀眞珠等寶   入於大海 假使黑風
吹其船舫
취기선방하여 표타나찰귀국커든 기중에 약유내
                飄墮羅刹鬼國   其中 若有乃
지일인이라도 칭관세음보살명자면 시제인등이
至一人   稱觀世音菩薩名者   是諸人等
개득해탈나찰지난하리니 이시인연으로 명관세음
皆得解脫羅刹之難   以是因緣   名觀世音
이니라 약부유인이 임당피해하여 칭관세음보살명
     若復有人 臨當被害   稱觀世音菩薩名
자면 피소집도장이 심단단괴하여 이득해탈하며
者   彼所執刀杖   尋段段壞   而得解脫

약삼천대천국토에 만중야차나찰이 욕래뇌인이 若三千大千國土 滿中夜叉羅刹 欲來惱人

라도 문기칭관세음보살명자면 시제악귀가 상불 聞其稱觀世音菩薩名者 是諸惡鬼 尙不

능이악안으로 시지어니 황부가해리요 설부유인이 能以惡眼 視之 況復加害 設復有人

약유죄커나 약무죄커나 추계가쇄하여 검계기신이 若有罪 若無罪 杻械枷鎖 檢繫其身

라도 칭관세음보살명자면 개실단괴하고 즉득해 稱觀世音菩薩名者 皆悉斷壞 即得解

탈하나니라 약삼천대천국토에 만중원적커든 유일 脫 若三千大千國土 滿中怨賊 有一

상주가 장제상인하여 재지중보하고 경과험로할새
商主 將諸商人 齎持重寶 經過險路

기중일인이 작시창언하되 제선남자여 물득공포
其中一人 作是唱言 諸善男子 勿得恐怖

하고 여등은 응당일심으로 칭관세음보살명호하면
汝等 應當一心 稱觀世音菩薩名號

시보살이 능이무외로 시어중생하리니 여등이 약
是菩薩 能以無畏 施於衆生 汝等 若

칭명자면 어차원적에 당득해탈이라커늘 중상인이
稱名者 於此怨賊 當得解脫 衆商人

문하고 구발성언하되 나무관세음보살하면 칭기명
聞 俱潑聲言 南無觀世音菩薩 稱其名

고로 **즉득해탈**하나니라 **무진의**야 **관세음보살마하살**의 **위신지력**이 **외외여시**니라 **약유중생**이 **다어음욕**이라도 **상념공경관세음보살**하면 **변득이욕**하며 **약다진에**라도 **상념공경관세음보살**하면 **변득이진**하며 **약다우치**라도 **상념공경관세음보살**하면 **변득이치**하나니 **무진의**야 **관세음보살**이 **유여시**

故 即得解脫 無盡意 觀世音菩薩摩訶薩 威神之力 巍巍如是 若有衆生 多於姪欲 常念恭敬觀世音菩薩 便得離欲 若多瞋恚 常念恭敬觀世音菩薩 便得離瞋 若多愚癡 常念恭敬觀世音菩薩 便得離癡 無盡意 觀世音菩薩 有如是

등대위신력하사 **다소요익**일새 시고로 **중생**이 상 **등심념**하나니라 **약유여인**이 **설욕구남**하여 **예배공** **양관세음보살**하면 **변생복덕지혜지남**하고 **설욕** **구녀**하면 **변생단정유상지녀**하여 **숙식덕본**이라 중 **인애경**하리니 **무진의**야 **관세음보살**이 **유여시력**하 니라 **약유중생**이 **공경예배관세음보살**하면 복불

等大威神力 多所饒益 是故 衆生 常 應心念 若有女人 設欲求男 禮拜供 養觀世音菩薩 便生福德智慧之男 設欲 求女 便生端正有相之女 宿植德本 衆 人愛敬 無盡意 觀世音菩薩 有如是力 若有衆生 恭敬禮拜觀世音菩薩 福不

당연하나니 시고로 중생이 개응수지관세음보살
唐捐 是故 衆生 皆應受持觀世音菩薩
명호니라 무진의야 약유인이 수지육십이억항하
名號 無盡意 若有人 受持六十二億恒河
사보살명자하고 부진형토록 공양음식의복과 와구
沙菩薩名字 復盡形 供養飲食衣服 臥具
의약하면 어여의운하오 시선남자선여인의 공덕
醫藥 於汝意云何 是善男子善女人 功德
이 다부아 무진의언하사대 심다니다 세존이시여 불
多不 無盡意言 甚多 世尊 佛
언하사대 약부유인이 수지관세음보살명호하여 내
言 若復有人 受持觀世音菩薩名號 乃

지일시라도 예배공양하면 시이인복이 정등무이
至一時 禮拜供養 是二人福 正等無異

하여 어백천만억겁에 불가궁진이니라 무진의
於百千萬億劫 不可窮盡 無盡意

수지관세음보살명호하면 득여시무량무변복덕
受持觀世音菩薩名號 得如是無量無邊福德

지리하라라 무진의보살이 백불언하사대 세존이시여
之利 無盡意菩薩 白佛言 世尊

관세음보살이 운하유차사바세계하며 운하이위
觀世音菩薩 云何遊此娑婆世界 云何而爲

중생설법하며 방편지력은 기사운하니까 불고무
衆生說法 方便之力 其事云何 佛告無

진의보살하사대 善男子 若有國土衆生이 應以
盡意菩薩 선남자여 약유국토중생이 응이
불신으로 得度者 觀世音菩薩이 即現佛身
불신으로 득도자는 관세음보살이 즉현불신하여
而爲說法 應以辟支佛身
이위설법하며 응이벽지불신으로 득도자는 즉현
辟之佛身 而爲說法 應以聲聞身
벽지불신하여 이위설법하며 응이성문신으로 득도
者 即現聲聞身 而爲說法 應以梵王身
자는 즉현성문신하여 이위설법하며 응이범왕신
으로 得度者 即現梵王身 而爲說法 應
득도자는 즉현범왕신하여 이위설법하며 응

이제석신으로 득도자는 즉현제석신하여 이위설
以帝釋身 得度者 卽現帝釋身 而爲說
법하며 응이자재천신으로 득도자는 즉현자재천
法 應以自在天身
신하여 이위설법하며 응이대자재천신으로 득도
身 而爲說法 應以大自在天身
자는 즉현대자재천신하여 이위설법하며 응이천
卽現大自在天身 而爲說法 應以天
대장군신으로 득도자는 즉현천대장군신하여 이
大將軍身 得度者 卽現天大將軍身
위설법하며 응이비사문신으로 득도자는 즉현비
爲說法 應以毗沙門身 得度者 卽現毗

사문신하여 이위설법하며 응이소왕신으로 득도
沙門身 而爲說法 應以小王身 得度

자는 즉현소왕신하여 이위설법하며 응이장자신
者 即現小王身 而爲說法 應以長者身

으로 득도자는 즉현장자신하여 이위설법하며 응
得度者 即現長者身 而爲說法 應

이거사신으로 득도자는 즉현거사신하여 이위설
以居士身 得度者 即現居士身 而爲說

법하며 응이재관신으로 득도자는 즉현재관신하여
法 應以宰官身 得度者 即現宰官身

이위설법하며 응이바라문신으로 득도자는 즉현
而爲說法 應以婆羅門身 得度者 即現

바라문신하여 婆羅門身 이위설법하며 而爲說法 응이비구비구니와 應以比丘比尼

우바새우바이신으로 優婆塞優婆夷身 득도자는 得度者 즉현비구비구니 即現比丘比尼

와 우바새우바이신하여 優婆塞優婆夷身 이위설법하며 而爲說法 응이장자 應以長者

거사재관바라문부녀신으로 居士宰官婆羅門婦女身 득도자는 得度者 즉현부녀 即現婦女

신하여 身 이위설법하며 而爲說法 응이동남동녀신으로 應以童男童女身 득도

자는 즉현동남동녀신하여 即現童男童女身 이위설법하며 而爲說法 응이천 應以天

룡야차건달바아수라가루라긴나라마후라가인비인등신으로 得度자는 **즉개현지**하여 **이위설법**하며

龍夜叉乾闥婆阿修羅迦樓羅緊那羅摩睺羅伽人非人等身 得度者 即皆現之 而爲說法

응이집금강신으로 得度자는 **즉현집금강신** 이위설법하나니

應以執金剛神 得度者 即現執金剛神 而爲說法

무진의야 시관세음보살이 無盡意 是觀世音菩薩

성취여시공덕하여 **이종종형**으로 **유제국토**하사 度

成就如是功德 以種種形 遊諸國土 度

탈중생하나니라 是故 汝等은 應當一心으로 **공양**

脫衆生

관세음보살이니 觀世音菩薩 시관세음보살마하살이 是觀世音菩薩摩訶薩 어포외 於怖畏

급난지중에 急難之中 능시무외라 能施無畏 시고로 是故 차사바세계가 此娑婆世界

개호지위시무외자라하나니라 皆號之爲施無畏者 무진의보살이 無盡意菩薩 백불 白佛

언하사대 言 세존이시여 世尊 아금에 我今 당공양관세음보살호 當供養觀世音菩薩

리다하고 即解頸衆寶珠瓔珞 즉해경중보주영락하니 가치백천냥금이라 價值百千兩金

이이여지하고 而以與之 작시언하되 作是言 인자는 仁者 수차법시진보 受此法施珍寶

영락하소서 시에 觀世音菩薩이 불긍수지어늘 무

瓔珞

진의는 부백관세음보살언하사대 인자는 민아등

盡意 復白觀世音菩薩言 仁者는 愍我等

故 受此瓔珞

고로 수차영락하소서 이시에 불고관세음보살하사

爾時 佛告觀世音菩薩

대

당민차무진의보살과 급사중천룡야차건달

當愍此無盡意菩薩 及四衆天龍夜叉乾闥

바아수라가루라긴나라마후라가인비인등고로

婆阿修羅迦樓羅緊那羅摩睺羅伽人非人等故

수시영락이니라 즉시에 관세음보살이 민제사중

受是瓔珞 即時 觀世音菩薩 愍諸四衆

과 **급어천룡인비인등**하사 **수기영락**하야 **분작이**
분하되 及於天龍人非人等 受其瓔珞 分作二
分 **일분**은 **봉석가모니불**하고 **일분**은 **봉다보**
불탑하니라 一分 奉釋迦牟尼佛 一分 奉多寶
佛搭 **무진의야 관세음보살**이 **유여시자재**
신력하사 無盡意 觀世音菩薩 有如是自在
神力 **유어사바세계**하나니라
遊於娑婆世界

이시에 **무진의보살**이 **이게문왈**
爾時 無盡意菩薩 以偈問曰

세존묘상구시여 **아금중문피**하노니
世尊妙相具 我今重問彼

불자하인연으로 **명위관세음**이니까
佛子何因緣 名爲觀世音

구족묘상존이 **게답무진의**하사대
具足妙相尊 偈答無盡意

여청관음행의 **선응제방소**하라
汝聽觀音行 善應諸方所

홍서심여해하여 **역겁부사의**라
弘誓深如海 歷劫不思議

시다천억불하여 **발대청정원**일새
侍多千億佛 發大淸淨願

아위여약설하리니 **문명급견신**하고
我爲汝略說 聞名及見身

심념불공과하면 능멸제유고하리라
心念不空過 能滅諸有苦

가사흥해의하여 추락대화갱이라도
假使興害意 推落大火坑

염피관음력으로 화갱변성지하며
念彼觀音力 火坑變成池

혹표류거해하여 용어제귀난이라도
或漂流巨海 龍魚諸鬼難

염피관음력으로 파랑불능몰하며
念彼觀音力 波浪不能沒

혹재수미봉하여 위인소추타라도
或在須彌峯 爲人所推墮

염피관음력으로 여일허공주하며
念彼觀音力   如日虛空住

혹피악인축하여 타락금강산이라도
或彼惡人逐   墮落金剛山

염피관음력으로 불능손일모하며
念彼觀音力   不能損一毛

혹치원적요하여 각집도가해라도
或値怨賊擾   各執刀加害

염피관음력으로 함즉기자심하며
念彼觀音力   咸卽起慈心

혹조왕난고하여 임형욕수종이라도
或遭王難苦   臨刑欲壽終

100

염피관음력으로 **도심단단괴**하며
念彼觀音力　刀尋段段壞

혹수금가쇄하여 **수족피추계**라도
或囚禁枷鎖　手足被杻械

염피관음력으로 **석연득해탈**하며
念彼觀音力　釋然得解脫

주저제독약으로 **소욕해신자**라도
呪詛諸毒藥　所欲害身者

염피관음력으로 **환착어본인**하며
念彼觀音力　還着於本人

혹우악나찰과 **독룡제귀등**이라도
或遇惡羅刹　毒龍諸鬼等

염피관음력으로 시실불감해하며
念彼觀音力 時悉不敢害

약악수위요하여 이아조가포라도
若惡獸圍繞 利牙爪可怖

염피관음력으로 질주무변방하며
念彼觀音力 疾走無邊方

완사급복갈이 기독연화연이라도
蚖蛇及蝮蠍 氣毒煙火然

염피관음력으로 심성자회거하며
念彼觀音力 尋聲自廻去

운뢰고체전하고 강박주대우라도
雲雷鼓掣電 降雹澍大雨

염피관음력으로   **응시득소산**하며
念彼觀音力   應時得消散

중생피곤액하여   **무량고핍신**이라도
衆生被困厄   無量苦逼身

관음묘지력이   **능구세간고**니라
觀音妙智力   能救世間苦

구족신통력하고   **광수지방편**하여
具足神通力   廣修智方便

시방제국토에   **무찰불현신**하며
十方諸國土   無刹不現身

종종제악취와   **지옥귀축생**의
種種諸惡趣   地獄鬼畜生

생로병사고를
生老病死苦

이점실령멸하며
以漸悉令滅

진관청정관이며
眞觀淸淨觀

광대지혜관이며
廣大智慧觀

비관급자관이니
悲觀及慈觀

상원상첨앙이니라
常願常瞻仰

무구청정광이며
無垢淸淨光

혜일파제암이라
慧日破諸暗

능복재풍화하고
能伏災風火

보명조세간이니라
普明照世間

비체계뢰진과
悲體戒雷震

자의묘대운으로
慈意妙大雲

104

주감로법우하여
澍甘露法雨

滅除煩惱燄

멸제번뇌염하며

쟁송경관처와
諍訟經官處

怖畏軍陣中

포외군진중이라도

염피관음력으로
念彼觀音力

衆怨悉退散

중원실퇴산하며

묘음관세음과
妙音觀世音

梵音海潮音

범음해조음이

승피세간음이니
勝彼世間音

是故須常念

시고수상념하되

염념물생의니라
念念勿生疑

觀世音淨聖

관세음정성이

어고뇌사액에 於苦惱死厄 **능위작의호**라 能爲作依怙

구일체공덕하사 具一切功德 **자안시중생**하며 慈眼視衆生

복취해무량일새 福聚海無量 **시고응정례**니라 是故應頂禮

이시에 爾時 **지지보살**이 持地菩薩 **즉종좌기**하여 卽從座起 **전백불언**하사 前白佛言

세존이시여 世尊 **약유중생**이 若有衆生 **문시관세음보살품자**가 聞是觀世音菩薩品自

재지업과 在之業 **보문시현신통력자**는 普門示現神通力者 **당지시인**은 當知是人 **공덕**功德

이 불소니다 불설시보문품시에 중중팔만사천중
不少 佛說是普門品時 衆中八萬四千衆
생이 개발무듕듕아뇩다라삼먁삼보리심하니라
生 皆發無等等阿耨多羅三藐三菩提心

한글 관세음보살보문품

무비 스님

 그때 무진의보살이 자리에서 일어나 오른쪽 어깨를 벗어 드러내고 부처님을 향하여 합장하고 여쭈었습니다.
 "세존이시여, 관세음보살은 무슨 인연으로 관세음이라고 하나이까?"
 부처님께서 무진의보살에게 말씀하셨습니다.
 "선남자야, 만일 한량 없는 백천만억 중생이 여러가지 고뇌를 받을 때에 이 관세음보살의 이름을 듣고 일심으로 그 이름을 부르면, 관세음보살이 곧 그 음성을 듣고 모두 해탈케 하느니라.

만일 어떤 이가 이 관세음보살의 이름을 받들면 그는 혹시 큰 불 속에 들어가더라도 불이 그를 태우지 못할 것이니, 이것은 관세음보살의 위신력 때문이며, 혹은 큰 물에 떠내려 가게 되더라도 그 이름을 부르면 곧 얕은 곳에 이르게 되며, 혹은 백천만억 중생이 금·은·유리·자거·마노·산호·호박·진주 같은 보배를 구하려고 큰 바다에 들어갔을 때, 가령 폭풍이 일어 그들의 배가 나찰귀들의 나라에 닿게 되었을지라도 그 가운데 만일 한 사람이라도 관세음보살의 이름을 부르면, 여러 사람들이 다 나찰의 난으로부터 벗어날 수 있으리니, 이러한 인연으로 관세음이라 이름하느니라.

 또 어떤 사람이 만일 해를 입게 되었을지라도 관세음보살의 이름을 부르면, 그들이 가진 칼이나 막대기가 곧 조각조각 부서져 능히 벗어날 수 있으며, 혹은 삼천 대천 국토에 가득한 야차·나찰들이 와서 사람들을 괴롭히려 하더라도 관세음보살의 이름만 부르면 여러 악귀가 악한 눈으로 보지도 못하겠거늘, 하물며 어찌 해칠 수 있겠느냐? 또 어떤 사람이 죄가 있거나 죄가 없거나 간에 수갑과 쇠고랑에 손발이 채워지고 몸이 묶였을지라도, 관세음보살의 이름만 부르면 이것들이 다 끊어지고 풀어져 곧 벗어나리라.

만일 또 삼천 대천 국토에 도둑이 가득 찼는데 한 상인의 우두머리가 여러 상인을 이끌고 귀중한 보물을 가진 채 험한 길을 지나갈 때, 그 중에 한 사람이 말하기를, '여러 선남자들이여, 무서워 말고 두려워 말라. 그대들은 진심으로 관세음보살의 이름을 부를지니라. 이 보살이 능히 중생들의 두려움을 없애주리니, 그대들이 이 이름을 부르면 이 도둑들을 무사히 벗어나리라.'하고, 이에 여러 상인들이 이 말을 듣고 모두 소리를 내어 '나무 관세음보살' 하면 곧 그 난을 벗어나리라.

무진의야, 관세음보살마하살의 위신력이 이와 같이 훌륭하니라.

또 만일 중생이 음욕이 많더라도 관세음보살을 항상 생각하고 공경하면 곧 음욕을 여의게 되며, 혹은 성내는 마음이 많더라도 관세음보살을 생각하고 공경하면 그 마음을 여읠 수 있으며, 혹은 어리석음이 많더라도 관세음보살을 항상 생각하고 공경하면 곧 그 어리석음을 여읠 것이니라.

무진의야, 관세음보살이 이런 위신력으로 이롭게 함이 많으니 중생은 마땅히 마음으로 항상 생각할 것이니라.

또, 만일 어떤 여인이 아들 낳기를 원하여 관세음보살을 예배하고 공경하면 곧 복덕과 지혜가 있는 아들을 낳게 되고, 만일 딸 낳기를 원한다면 곧 단정하고 아름다운 모양을 갖춘 딸을 낳게 되리니, 덕의 근본을 잘 심었으므로 여러 사람의 사랑과 존경을 받으리라. 무진의야, 관세음보살의 힘이 이와 같느니라.

 만일 또 중생이 관세음보살을 공경하고 예배하면 복이 헛되지 않으리니, 그러므로 중생이 모두 관세음보살의 이름을 받들어야 하느니라.

 무진의야, 만일 어떤 사람이 62억 항하의 모래 같은 보살의 이름을 받들어 목숨이 다하도록 음식과 의복·침구와 의약 등으로 공양한다면 너의 생각에는 어떻겠느냐? 이 선남자·선여인의 공덕이 얼마나 많겠느냐?"

 무진의가 대답하였습니다.

 "매우 많겠나이다, 세존이시여."

 부처님께서 다시 말씀하셨습니다.

 "만일 어떤 사람이 관세음보살의 이름을 받들어 한 때만이라도 예배하고 공양하면, 이 두 사람의 복이 똑같아 다를 바 없어, 백천만억 겁에 이르도록 다할 수가 없으리

라. 무진의야, 관세음보살의 이름을 수지하면 이와 같이 한량 없고 가없는 복덕의 이익을 얻느니라."

무진의보살이 부처님께 여쭈었습니다.

"세존이시여, 관세음보살은 어떻게 이 사바세계에서 노니시며, 어떻게 중생을 위하여 설법하시며, 방편의 힘은 어떠하나이까?"

부처님께서 무진의 보살에게 말씀하셨습니다.

"선남자야, 어떤 나라의 중생을 부처의 몸으로 제도할 이에게는 관세음보살이 곧 부처의 몸을 나타내어 설법하며, 벽지불의 몸으로써 제도할 이에게는 벽지불의 몸을 나타내어 설법하며, 성문의 몸으로 제도할 이에게는 성문의 몸을 나타내어 설법하며, 범천왕의 몸으로써 제도할 이에게는 범천왕의 몸을 나타내어 설법하며, 제석천의 몸으로써 제도할 이에게는 제석천의 몸을 나타내어 설법하며, 자재천의 몸으로써 제도할 이에게는 자재천의 몸을 나타내어 설법하며, 대자재천의 몸으로써 제도할 이에게는 대자재천의 몸을 나타내어 설법하며, 천대장군의 몸으로써 제도할 이에게는 천대장군의 몸을 나타내어 설법하며, 비사문의 몸으로써 제도할 이에게는 비사문의 몸을 나타내어 설법하며, 소왕의 몸으로써 제도할 이에게는 곧 소왕의 몸을 나타내어 설법하며, 장자의 몸로써 제도할 이에게는 장자의 몸을 곧 나타내어 설법하며, 거사의 몸으로써 제도할 이에게는 곧 거사의 몸을 나타내어 설법하며, 관리의 몸으로써 제도할 이에게는 관리의 몸을 나타내어 설법하며, 바라문의 몸으로써 제도할 이에게는 곧 바라문의 몸을 나타내어 설법하며, 비구·비구니·우바새·우바이의 몸으로써 제도할 이에게는 비구·비구니·우바새·우바이의 몸을 나타내어 설법하며, 장자·거사·관리·바라문의 부인의 몸으로써 제도할 이에게는 그 부인의 몸을 나타내어 설법하며, 동남·동녀의 몸으로써 제도할 이에게는 동남·동녀의 몸을 나타내어 설법하며, 하늘·용··야차·건달바·아수라·가루라·긴나라·마후라가·사람인 듯 아닌 듯한 것 등의 몸으로써 제도할 이에게는 모두 그 몸을 나타내어 설법하며, 집금강신으로써 제도할 이에게는 곧 집금강신을 나타내어 설법하나니, 무진의야, 이 관세음보살은 이러한 공덕을 성취하여 여러 가지 형상으로 여러 국토에 노니시며, 중생을 제도하여 해탈케 하느니라. 그러므로 너희들은 일심으로 관세음보살을 공양할지니라. 이 관세음보살마하살이 두렵고 급한 환난 가운데 능히 두려움을 없애 주므로, 이 사바세계에서는 모두 일컬어 '두려움을 없게 해주는 이[施無畏者]'라고 하느니라."

 무진의보살이 부처님께 여쭈었습니다.

 "세존이시여, 제가 이제 관세음보살을 공양하겠나이다."
하고, 목에 걸었던 백천 냥이나 되는 보배구슬과 영락을 풀어 받들어 올리며 또 여쭈었습니다.

 "어지신 이여, 법으로써 드리는 이 보배구슬과 영락을 받아주옵소서."
그때 관세음보살이 이를 받지 않으려 하거늘, 무진의는 다시 관세음보살께 여쭈었습니다.

 "어지신 이여, 저희들을 불쌍히 여기시어 이 영락을 받아 주옵소서."

 그때 부처님께서 관세음보살에게 말씀하셨습니다.

 "여기 이 무진의보살과 사부대중과 하늘·용·야차·건달바·아수라·가루라·긴나라·마후라가·사람인 듯 아닌 듯한 것들을 불쌍히 여겨 그 영락을 받으라."

곧 관세음보살이 사부대중과 하늘·용과 그리고 사람인 듯 아닌 듯한 것을 불쌍히 여기시어 그 영락을 받으시더니, 둘로 나누어 한 몫은 석가모니불께 바치고, 남은 한 몫은 다보불탑에 바치었습니다.

"무진의야, 관세음보살은 이와 같이 자유자재한 신통력을 가지고 사바세계에 노니느니라."

그때 무진의보살이 게송으로 물었습니다.

미묘한 상 갖추신 세존이시여,
이제 다시 저 일을 묻자옵나니
불자는 그 무슨 인연으로
관세음이라 부르나이까.

미묘한 상 갖추신 세존께서
게송으로 무진의에게 대답하시되

곳곳마다 알맞게 응하여 나타나는
관음의 모든 행을 잘 들으라.

그 보살의 큰 서원 바다와 같아
헤아릴 수 없이 긴 세월 동안
천억의 부처님 모시고 받들며
크고 청정한 원을 세우니

내 이제 그것들을 간략히 말하리니
관음의 이름을 듣거나 몸을 보거나
마음으로 생각함이 헛되지 않으면
능히 모든 고통을 멸하리라.

가령 해치려는 사람에게 떠밀려
큰 불구덩이에 떨어진대도
관음을 염하는 그 힘으로
불구덩이 변하여 연못이 되고

만일 큰 바다에 표류하여
용과 귀신·물고기의 난을 만나도
관음을 염하는 그 힘으로
파도가 능히 삼킬 수 없으며

수미산의 봉우리에서
사람에게 떠밀려 떨어진대도
관음을 염하는 그 힘으로
허공에 머무는 해같이 되며

악인에게 쫓기어
금강산에서 떨어진대도
관음을 염하는 그 힘으로
털끝 하나 다치지 않으며

원한의 도적을 만나
칼 들고 달려와 해치려 해도
관음을 염하는 그 힘으로

도적들 마음 돌려 자비케 하며

법에 잘못 걸려
형벌을 받아 죽게 되더라도
관음을 염하는 그 힘으로
칼이 조각조각 끊어지며

감옥 속에 갇혀 있어서
손발이 형틀에 묶였더라도
관음을 염하는 그 힘으로
그것들의 풀림을 받을 것이며

저주와 여러 가지 독약으로
몸을 해치려고 할 때에도
관음을 염하는 그 힘으로
본인에게 그 화가 돌아가며

악한 나찰 독룡들과

여러 귀신을 만날지라도
관음을 염하는 그 힘으로
감히 모두들 해치지 못하며

사나운 짐승들에 둘러싸여
이빨과 발톱이 무섭더라도
관음을 염하는 그 힘으로
사방으로 뿔뿔이 달아나며

여러 가지 사나운 독사들이
독기가 불꽃처럼 성할지라도
관음을 염하는 그 힘으로
그 소리에 스스로 달아나며

구름에서 천둥일며 번개치고
큰 비와 우박이 쏟아져도
관음을 염하는 그 힘으로
삽시간에 사라지며

뭇 중생이 곤경과 재앙을 만나
한량 없는 고통을 받을지라도
관음의 미묘한 지혜의 힘이
능히 세상 고통 구하느니라.

신통한 힘 구족하고
지혜의 방편 널리 닦아
시방의 여러 국토
몸을 나타내지 않는 곳 없으며

가지가지 악한 갈래
지옥·아귀·축생들의
생로병사 모든 고통
점차로 멸해 주며

진관이며 청정관
넓고 큰 지혜관이며
비관과 자관이니

항상 우러러볼지어다.

때 없어 청정한 빛
지혜의 태양 어둠을 제하나니
풍재와 화재 능히 이겨
널리 밝게 세상을 비추니

대비는 체가 되고 계행은 우뢰되며
자비로운 마음은 큰 구름같아
감로의 법비를 내려
번뇌의 타는 불길 멸해 주며

쟁송으로 관청에 가거나
두려운 진중에 있을지라도
관음을 염하는 그 힘으로
모든 원수가 흩어지니라.

묘음과 관세음과

범음과 해조음이
저 세간음보다 나으니
그러므로 항상 생각하여

의심일랑 잠깐도 하지 말아라
관세음보살 청정한 성인은
고뇌와 죽음과 액운 당하여
능히 믿고 의지할 바 되리.

일체의 여러 공덕 두루 갖추어
자비로운 눈으로 중생을 보며
그 복이 바다처럼 한량 없으니
그러므로 마땅히 정례할지니라.

그때 지지보살이 자리에서 일어나 부처님 앞에 나아가 여쭈었습니다.
"세존이시여, 만일 중생이 이 관세음보살 보문품의 자유로운 업(業)과 널리 보이고 나타내는 신통력을 듣는다면, 그 사람의 공덕은 적지 않겠나이다."

 부처님께서 이 <보문품>을 설하실 때, 대중 가운데 8만4천 중생이 모두 비할 바 없이 평등한 아뇩다라삼먁삼보리의 마음을 내었습니다.

◆무비(如天 無比)스님

· 전 조계종 교육원장
· 범어사에서 여환스님을 은사로 출가
· 해인사 강원 졸업
· 해인사, 통도사 등 여러 선원에서 10여년 동안 안거
· 통도사, 범어사 강주 역임
· 조계종 종립 은해사 승가대학원장 역임
· 탄허스님의 법맥을 이은 강백
· 화엄경 완역 등 많은 집필과 법회 활동

▶저서와 역서
『금강경 강의』, 『보현행원품 강의』, 『화엄경』, 『예불문과 반야심경』,
『반야심경 사경』 외 다수.

천수 · 관음경

초판 9쇄 인쇄 · 2023년 1월 10일
초판 9쇄 발행 · 2023년 1월 25일
편 저 · 무비 스님
펴낸이 · 이규인
편 집 · 천종근
펴낸곳 · 도서출판 窓
등록번호 · 제15-454호
등록일자 · 2004년 3월 25일

주소 · 서울특별시 마포구 대흥로4길 49, 1층(용강동, 월명빌딩)
전화 · 322-2686, 2687 / **팩시밀리** · 326-3218
e-mail · changbook1@hanmail.net
홈페이지 · http://www.changbook.co.kr

ISBN 89-7453-117-8 03220
정가 5,500원

*파손된 책은 구입하신 서점이나 《도서출판 窓》에서 바꾸어 드립니다.
☞ 염화실(http://cafe.daum.net/yumhwasil)에서 무비스님의 강의를
   들을 수 있습니다.

도서출판 窓 의 "무량공덕" 시리즈

제1권 **금강경**, 무비스님 편저
제2권 **천수·반야심경**, 무비스님 편저
제3권 **부모은중경**, 무비스님 편저
제4권 **목련경**, 무비스님 편저
제5권 **천수·금강경**, 무비스님 편저
제6권 **천수·관음경**, 무비스님 편저
제7권 **관세음보살보문품**, 무비스님 편저
제8권 **금강·아미타경**, 무비스님 편저
제9권 **불설아미타경**, 무비스님 편저
제10권 **예불문**, 무비스님 편저
제11권 **백팔대참회문**, 무비스님 편저
제12권 **약사여래본원경**, 무비스님 편저
제13권 **지장보살예찬문**, 무비스님 편저
제14권 **천지팔양신주경**, 무비스님 편저
제15권 **보현행원품**, 무비스님 편저
제16권 **지장보살본원경(상)**, 무비스님 편저
제17권 **지장보살본원경(하)**, 무비스님 편저
제18권 **무상법문집**, 무비스님 편저
제19권 **대불정능엄신주**, 무비스님 편저
제20권 **수보살계법서**, 무비스님 편저

¤ **"무량공덕"** 시리즈는 계속 간행됩니다.

☆ 법보시용으로 다량주문시
특별 할인해 드립니다.

☆ 원하시는 불경의 독송본이나
사경본을 주문하시면 정성껏
편집·제작하여 드립니다.